+ ambassadeur de Suede

FAUNILLANE

OU

L'INFANTE JAUNE,

CONTE.

Ce Roman est L'ouvrage de Mr le Cte de Tessin, imprimé in 4º. de la 1ère Dition et par une infidélité de libraire r'imprimé dans cette forme. le S.r Du Clos auteur fair fone Roman d'Acajou sur les Planches faires pour le roman de Mr Le Cte de Tessin de la 2e Dition.

Sur l'un des deux Imprimés in-quarto.

A BADINOPOLI,

Chez les Freres PONTHOMMES, à l'enseigne du Roy d'Egypte.

M. DCC. XLIII.

A MADAME LA COMTESSE DE S*****

Madame,

Si j'étois François, Auteur & Laborieux, cette badinerie ne mériteroit pas l'honneur de vous être dédiée ; mais Etranger, peu Lettré & pareſſeux, voilà, à ce qui me paroît, les qualités qu'il faut à un homme qui prend la liberté de vous offrir un Conte hazardé dans la

A 2   Langue

EPITRE.

Langue du monde la plus épurée. En effet, quelle marque plus évidente puis-je donner de votre pouvoir & de mon obéissance ? Je sai que mon style est très-éloigné de la justesse, de l'ingénuité & du concis qu'exigent les Ouvrages de cette nature : Je sai que cette lecture ne peut être bonne que pour vous, MADAME, & pour un petit nombre de vos Amies, puisqu'il s'agit de secrets, qui ne sont connus qu'à celles qui ont l'honneur de votre confiance. Je sai que ma paresse m'éloigne de tout ce qui me peut peiner le moins du monde : ainsi, quelle apparence y a-t'il que j'aye écrit par

aucun

EPITRE.

aucun autre motif que celui de vous amuſer, ſans nul égard à moi-même, ni à la cenſure que je reconnois d'avance mériter, au cas que quelqu'un veüille ſe donner la peine de me critiquer.

Tout ce qui pourra, avec le tems, faire le prix de ces Feuilles, eſt la rareté du Livre; car, à moins que le Libraire ne m'ait trompé, il n'y en doit avoir que deux Exemplaires au monde. Je croi même pouvoir d'autant mieux me repoſer ſur ſa fidelité, que cette Brochure ne pourroit jamais par ſon débit, le rembourſer de ſes frais.

Une plus longue Dédicace ne conviendroit point à la taille de

ce

EPITRE.

ce Volume; mais auſſi, ſans cette Dédicace, mon Conte viendroit à propos de rien, puiſque c'eſt elle qui fait connoître qu'il n'a été compoſé & imprimé que par vos ordres & pour votre amuſement.

Je vous ſupplie d'agréer cette légere marque de l'attachement reſpectueux avec lequel je ſuis,

MADAME,

Vôtre très-humble & très-obéïſſant Serviteur,
LE GEANT BORGNE.

L'INFANTE

L'INFANTE JAUNE.
CONTE.

LE Prince de PERCE-BOURSE ayant, dans sa jeunesse, perdu son pere & sa mere, suivit le penchant qu'il avoit à voyager. Il parcourut divers pays, y dépensa beaucoup; & revint dans sa Patrie, augmenté de mérite & diminué d'argent.

Il y demeuroit dans une Contrée affectionnée par les Fées, & entre les diverses beautés dont elles a-

A 4 voient

voient orné un endroit qui leur plaisoit, rien n'égaloît l'allée des *Idées*. Les tiges d'arbres étoient d'un albâtre de la couleur qu'elles ont naturellement ; les feuilles d'Eméraudes, & les fruits qui n'y venoient que tous les mille ans, ne murissoient que pendant un clin d'œil, & formoient des diamans, d'abord gros comme des melons d'eau ; mais puis, se rapetissant, peu à peu, devenoient dans un instant à rien, tout comme cette mousse qui se répand subitement sur le vin de Champagne, & qui passe de même :

le

le seul *Sanssi* de la Couronne de France y a été cueilli, & cela dans le plus fort de son déclin; mais avant qu'il fût pris, ses camarades étoient disparus. Le Soleil ne sauroit pénétrer ces aimables lieux, qu'autant qu'il faut pour y voir aussi clair qu'il est possible sans être ébloüi; & la nuit, cinq cens dix-huit millions de lampes rendent un éclat bien au-dessus de celui du Soleil, & c'est alors que la plûpart des gens s'y promenent.

Percebourse y fut un jour, & parcourut fort soigneusement tous les coins & les recoins

recoins de cet endroit admirable, lorsqu'il se trouva tout d'un coup dans un Jardin rempli du plus gros & du plus merveilleux fruit du monde.

D'abord, à l'entrée, étoient deux Groseillers qui portoient des Groseilles d'une prodigieuse grosseur : le Prince eut envie d'en manger ; aussi-tôt qu'il y mit la dent, la Groseille s'ouvrit, & il en sortit une personne fort aimable, & si jeune qu'elle paroissoit encore enfant ; mais appuyée sur un bâton, & une paire de lunettes sur le nez.

Eh

CONTE. 11
Eh ! de par toutes les Fées ! D'où venez-vous, ma petite bonne ? s'écria Percebourse ; & pourquoi défigurer votre joli visage avec ses vilaines lunettes ? Hélas ! Seigneur, répondit *la Reine aux Echarpes d'or*, car c'étoit elle, hélas ! c'est pour avoir désobei au *Géant Borgne*, ennemi mortel de *l'Enchanteur Gros-Sourcils*, mon oncle, & m'être remplie de Groseilles malgré sa défense, que je me trouve la vûë si foible, que s'il me falloit coudre mes chemises moi-même, j'irois nuë faute de pouvoir enfiler une éguille.
Voilà

Voilà un vilain appétit qui vous a pris, dit le Prince en souriant : Mais d'où vient cette mauvaise béquille à une jeune enfant qui ne devroit faire que sauts & gambades ?

Hélas ! Seigneur, repartit l'Infante, c'est encore ce vilain Géant qui m'en a doüée : Piquée de sa défense sur une malheureuse Groseille, j'ai couru après pour lui poudrer sa barbe grise, & montrer que je me riois de ces ordres & de ses ordonnances : Il a pris mes intentions en mauvaise part, & en éternuant, m'a si fort dérangé

CONTE. 13

rangé l'emboiture de mes deux genoux; que depuis, ma foiblesse me défend de marcher sans bâton.

Voilà un Colosse qui a le cœur bien dur : mais pourquoi vous a-t-on fourrée dans cette Groseille ? demanda Percebourse.

Hélas! Seigneur, répliqua l'Echarpe d'or, c'est pour avoir eu dans mon Royaume tout plein de Jardins & des Jardiniers, sans jamais y faire planter que des Choux & des Groseilles : mais que vous importent tous ces détails ? Vous me paroissez rempli d'autres
soins,

soins, je ne vous demande qu'à retourner, cahin, caha, à filer de l'or pour l'entretien de mes pauvres sujets. Allez, ma charmante, dit le Prince obligeamment, en lui baisant sa petite main d'une force qui lui fit faire de grands cris : allez manger des Cerises, des Pêches & des Melons ; allez, & ne vous amusez pas à vos boëtes à poudre ; allez faire bâtir des Pavillons, ordonner des Parterres, des Fontaines & des Vergers ; en un mot comme en mille, allez obéir & plaire au Géant, de crainte qu'il ne vous écrase.

La

La Reine fit une réverence toute gracieuſe, & s'en fut de ſon côté, tandis que le Prince, ſans s'arrêter beaucoup à l'extraordinaire de cette avanture, ſe mit du ſien à prendre une autre groſeille aſſez petite, à ſon gré, pour ne pas le mettre en riſque de croquer quelque Reine priſonniere. A peine l'eut-il touchée qu'elle ſe fendit, & qu'il en vit ſortir *deux petites Mains blanches*, les doigts entrelaſſés, & roulant les deux pouces l'un autour de l'autre avec une vîteſſe incroyable.

Oh, oh! dit-il, je n'ai rien

rien vû de pareil dans mes voyages; & comme ces mains s'approcherent fort de son nez, il les éloigna avec un petit revers de la sienne, tout comme on tâche d'écarter une bouffée de fumée; mais ces deux mains s'opiniâtrerent & redoublerent leur mouvement. Petites menottes, qui n'appartenez à personne, dit-il de nouveau en s'impatientant, quoique vous soyez gentilles & potelées, gens comme moi n'aiment pas qu'on leur jouë sur le nez; du moins allez joindre votre corps afin que je voye s'il est assez
joli

joli pour vous permettre pareille liberté ; car j'ai vû de beaux bras à des faces hideuſes. Les mains ne dirent mot; mais comme offenſées d'un pareil doute, leur rapidité devenoit incompréhenſible, ce qui n'empêcha pas cependant de faire remarquer au Prince, que la gauche manquoit d'un doigt; comme il étoit vif, il les prit, les enveloppa dans une feuille de fraiſe, & les mit dans ſa poche.

Ne mangerai-je donc pas une méchante Groſeille ? dit-il en en cueillant une nouvelle. Celle-là portée à sa bouche se fendit comme les autres, & fit paroître *un petit Doigt bien dodu*, couleur de neige, & proportionné comme le plus beau doigt du monde; son mouvement étoit de taper d'une façon précipitée, mais mesurée, qui dérangea si fort la Perruque bien poudrée de Percebourse, que, sans autre entretien, il le prit bien vîte, & l'enferma dans son étui à curedents; puis s'éloignant du fatal Groseiller, il s'avança en rêvant à la Reine des Echarpes, aux deux mains mutines, & au petit doigt tappant.

Il

Il apperçut un Abricotier portant du fruit si gros qu'il étoit impossible de le manger sans le couper, il en cueillit un, sortit son couteau, s'assit sous l'arbre, étendit un mouchoir bien blanc, & se mit après à trancher son abricot. Ahi! Ahi! s'écria *une Tête* en bondissant sur l'herbe. Que devint le Prince à cette vûe! C'étoit une tête parfaite, des cheveux noirs, longs, bien bouclés, deux grands yeux de même, c'est-à-dire, noirs, mais non bouclés, des sourcils comme du geais, rangés en arc-en-ciel, & de façon
qu'un

qu'un pauvre petit poil ne paſſoit pas l'autre; un petit nez retrouſſé, une bouche vermeille & ſi petite qu'il auroit fallu partager l'abricot en trente mille morceaux pour lui en faire goûter: Mais cette même tête étoit toujours panchée vers l'épaule droite, & le Prince avoit beau la redreſſer, elle tomboit toujours, & ſe donnoit un air rêveur qui augmentoit ſes charmes & intéreſſoit en ſa faveur.

Beau Buſte ou belle Tête à perruque, dit le Prince d'un air inquiet, où eſt votre Corps? Voyez dans la tige de l'arbre, répondit la *Tête panchée*, en le regardant d'un œil qui brûloit si fort son cœur qu'il se répandit une odeur de roussi par tout le Jardin.

Hélas! s'écria-t-il, comment fendre cet arbre, n'ayant ni hache ni scie? Il enfonça son couteau dedans, mais son couteau sauta comme un verre; il gratoit des ongles, & les ayant tous arrachés, il prit les deux mains qu'il avoit mis dans sa poche, & se mit à grater de nouveau, de sorte que l'ongle du pouce droit y resta; il l'entoura bien vîte d'un taffetas

taffetas noir, & se désespe-
roit d'avoir gâté la belle
main, de ne point avancer
dans son ouvrage, & de ne
pas parvenir à avoir ce beau
corps.

Il alloit quitter un travail
qui lui sembloit inutile
quand, tout d'un coup, son
bon génie lui inspira d'ap-
procher les deux yeux
de la tête panchée à la racine de l'arbre; le feu prit si
soudainement & avec tant
de violence, que sa plus
grande inquiétude étoit
qu'il ne consumât aussi le
corps. Quelle fut sa joye
quand il vit sauter au travers
des

des flammes, ce *Corps* si proportionné, si bien fait, que l'on n'en fait plus sur ce modéle, il n'y manquoit que les deux Mains & la Tête.

Il prit celle qui étoit à terre qui s'y ajusta à merveille, il sortit le Doigt de l'étuy qui se joignit à la Main, & les deux Mains aux deux Bras pour en former la plus belle Personne du monde, avec une tête panchée, deux pouces qui rouloient, & qui ne cessoient de rouler que pour laisser au doigt le temps de taper la racine de ces cheveux que

que nous avons dit être si noirs. Admirable & divine Déesse, Fée, Reine ou Princesse, qui vous a mis là ? dit le Prince en se pâmant. Les soufflets que j'ai donné au Géant, dit la charmante Inconnuë.

Ils alloient pousser la conversation plus loin, & se déclarer sans doute des choses plus pressées, quand ils furent interrompus par les sifflemens de mille serpens qui traînoient un Char composé de cœurs hachés & traversés de dards : Une Femme qui avoit un air de colique, étoit dans cet horrible

rible équipage, sa robe étoit noire, parsemée de flammes de brillans, les serpens qu'elle portoit en guise de cheveux étoient renoués d'un ruban feuille morte, & derriere elle, on voyoit une Furie qui boucloit son tignon couleuvré avec un fer chaud qui fit siffler ce peuple rampant d'une maniere aussi terrible que singuliere.

Je suis, s'écria-t-elle du plus loin qu'on pouvoit l'entendre, Je suis la Fée *Envieuse*, Reine du Païs des Desirs : Que souhaitez-vous, Prince, pour avoir délivré le plus utile de mes Ouvra-
C ges

ges, & une Princesse qui donne de l'envie & du dépit aux beautés Grecques & Romaines ?

Je désire la Princesse, dit-il. Prenez-la, interrompit la Fée, à condition que la fille dont elle accouchera dans une année d'ici, soit mise sous ma protection & confiée à mes soins, & je jure par mes serpens, par mes dards, par mes feux, par mes cœurs rongés, & par mon tignon, que je vous la rendrai si parfaite, qu'elle ne fera pas moins d'envieuses que sa mere.

Le Prince & la Princesse baisserent

baisserent les yeux, le Prince de joye & par reconnoissance, & la Princesse par modestie & par pudeur, de s'entendre nommer une faiseuse de filles, elle qui n'avoit pas encore consenti au mariage: Mais les Fées sçavent tout; aussi celle-ci sçavoit-elle que la nôce se feroit, qu'il en naîtroit une fille, & qu'elle l'auroit sous sa protection, ainsi elle disparut sans seulement attendre leur consentement.

Oh ça, dit le Prince aussitôt qu'il ne vit plus Envieuse; votre histoire, Madame! Hélas! dit la Prin-
C 2   cesse

cesse, car les Princesses enchantées sont riches en hélas! Hélas! dit donc celle-ci, je suis *Pensive, Dissimulée & Curieuse*..... Pensive, Dissimulée & Curieuse! répeta le Prince en hochant par trois fois la tête. Hom! de par ma prodigalité, si nous n'étions déjà mariés par-devant la Fée... Mais n'importe, à cela près, achevez, s'il vous plaît, & commencez par votre nom, comme tout le monde commenceroit. Je m'appelle LA PRINCESSE PENSIVE, continua-t-elle, & j'ai une survivance de Féerie, lorsque ma grand-mere

mere la Fée Matador fera morte ; car dans notre famille il y a de tout tems eu une Fée, & ordinairement ce pouvoir a emjambé la fille pour paſſer à la petite fille.......A propos, interrompit le Prince, belle Penſive, il me paroît qu'il faudroit achever notre mariage, & vous aurez, après, tout le tems de me dire toutes ces choſes qui ſentent déjà le merveilleux & l'admirable; il me ſuffit pour le préſent de ſçavoir que j'épouſe une Princeſſe aimable & de bon lieu.

Penſive qui ſçavoit trop

son monde pour montrer de l'empressement, mais qui cependant n'étoit pas fâchée de changer d'état, ce qui revenoit à ses deux caractéres de Dissimulée & de Curieuse, donna la main à Percebourse qui la conduisit hors du Jardin dans l'allée des Idées, de l'allée des Idées au Temple, & du Temple au lit.

La possession, loin de diminuer les agrémens & la félicité de cette union, les augmenta ; ce qui étoit une preuve manifeste de la protection de la Fée, & donna de l'envie au plus heureux Epoux. Le

Le Prince occupé de sa seule satisfaction, resta six mois sans se souvenir de l'histoire, quand à la fin, un beau matin sur le midi, car les matinées de Pensive ne commencerent qu'à midi, il la pria de l'achever; Seigneur, dit-elle sans hélas pour cette fois-ci; Je suis Pensive, Dissimulée & Curieuse. De par notre fille à venir! s'écria Percebourse, vous me l'avez dit & je le sai: continuez.

J'ai de tout tems, poursuivit-elle, aimé à me promener. Un jour que je prenois ce plaisir, je rencontrai

trai le Géant Borgne au bord d'une riviére. Je voulus me retirer en le voyant, quand il m'arrêta par ma robe. Je parie, me dit-il, ma barbe & ma taille, que vous songez à quelque absent qui vous a rendu hommage, & qui ne vous déplaît pas. Je crus que cette question ne méritoit point de réponse, & je me tus. Vous étes pensive, ajoûta-t-il, vous songez, ma belle, à une défaite. Ce reproche m'irrita & valut un soufflet au Géant, car je suis prompte, Prince, afin que vous le sachiez, dit-elle, d'un ton élevé. Et moi
vif

vif, Princesse, afin que vous ne l'ignoriez pas, repliqua Percebourse qui prit ce qu'elle venoit de dire pour une menace. Pensive, en se radoucissant, reprit le fil de son discours. Si vous aviez, dit le Géant, le cœur tendre & raisonnable on pourroit vous parler d'affaires. Moi, le cœur tendre, Seigneur! dis-je, je n'ai jamais aimé, & ne prétens jamais aimer. Vous étes dissimulée, interrompit le Monstre. Cette impolitesse lui attira un second soufflet; mais sans se déconcerter, & n'en sentant pas, je pense, grand mal,

mal, il s'écria: J'ai un beau-frere. Ah! petite brutale, si vous le connoissiez! Et comment est-il fait, lui dis-je? Vous étes curieuse, répondit-il. Cette curiosité mal placée guida encore ma main à sa jouë, & cela d'une force que le Géant qui avoit paru immobile aux deux premiers soufflets, devint à celui-ci rouge comme de l'écarlate des Gobelins, & en éternuant, car une partie de ses enchantemens étoit au bout de son nez, il me sépara le doit de la main, les mains des bras, & la tête du col, & enferma chaque partie

partie dans l'endroit où vous l'avez trouvée. Restez-là, Souffleteuse, dit-il, jusqu'à ce que qu'un jeune Prince vienne dans ce jardin, pensif sur le sujet d'une Princesse, dissimulé sur le choix de ses chagrins, & curieux de goûter de ces fruits ; car comme la rêverie, la dissimulation & la curiosité vous ont mis là, il n'y a que la rêverie, la dissimulation & la curiosité qui puissent vous en retirer. Vous savez le reste, Seigneur, qui a réussi selon mes desirs & comblé mes souhaits. Percebourse ne resta pas court, & fit
réellement

réellement voir que si la Princesse l'aimoit, il aimoit la Princesse.

Au tems prédit, Pensive accoucha d'une fille qu'elle appella FAUNILLANE, de l'Isle des Faunes, appartenante à son pere; mais comme depuis elle a toujours porté une robe d'or doublée de noir, elle est plus connuë sous le nom de l'INFANTE JAUNE.

A peine ouvroit-elle les yeux à la lumiére du jour, qu'on vit entrer dans la chambre où elle étoit un ciron, qui peu après devint une fourmi, puis une araignée;

gnée, puis un hanneton, puis un vers à soye, puis un lézard, puis une grenouille, puis un crapaud, puis une vipére, puis une couleuvre, puis un serpent à sonnettes, puis un crocodille, & puis un dragon aîlé, portant la Fée Envieuse sur le dos. Où est l'enfant? demanda-t'elle. La voici, dit la Princesse, qui ne savoit ce que c'étoit que manquer à sa parole.

Envieuse disparut avec sa proye, & la mit dans un appartement creusé dans un seul diamant, & lui donna pour nourriture deux boules blanches à succer qui la

rendirent

rendirent si belle, si gracieuse, si parfaite, & si aimable qu'il ne fut bruit que de sa beauté & du bonheur de celui qui pourroit parvenir à la posséder. Sa douceur aida beaucoup à la faire desirer, & il est dit dans le Journal de sa vie, qu'elle n'a jamais ni crié ni pleuré, que lorsqu'au bout de dix-huit mois ces boules furent métamorphosées en aîles de perdreaux, en cuisses de poulets, & en crêtes de coqs.

Proche de l'endroit où Faunillane passoit ainsi ses premieres années, étoit la fameuse

fameuse *Isle des Bois*, où l'on avoit bâti un Temple d'une structure plus gothique & vénérable que nouvelle & magnifique. Il renfermoit les cendres précieuses d'une longue race de nos Rois, prodiges de leurs Siécles & amour de leurs Sujets. Auprès de ce Temple demeuroit la Princesse *Colombe Blanche*, qui trouva, une nuit, un petit garçon beau comme le jour sur son lit. Son ambition lui dit que c'étoit le Fils de Jupiter, mais sa raison dit que non, & le Public même prétendoit que sa raison avoit raison. Comme

Comme on ne pouvoit s'imaginer d'où venoit ce prodige, il fut, en attendant une révélation favorable, confié aux soins de la Fée *Lutine*, appellée ainsi, non à cause de sa lutinerie, qui d'ailleurs n'étoit pas extraordinaire, mais à cause d'un Ogre, nommé *Oeil de Bœuf*, qu'elle venoit d'épouser, qui étoit velu, & qui touchoit admirablement bien du luth. Elle étoit connue dès long-tems de la Princesse Pensive, & si bien, qu'elle lui avoit fait présent de son Portrait pour orner la salle où l'Ogre jouoit à la tête de
ses

ses Musiciens. Elle portoit au reste une ébauche de visage fait à la hâte, avec un nez écrasé, & s'étoit liée d'amitié & d'intérêt à l'Enchanteur Gros Sourcils, qui étoit en réputation de beaucoup de puissance & de peu de crédit.

Le Prince des Coudes, c'est ainsi que l'on nommoit l'enfant trouvé, fut élevé avec un soin admirable pour les dehors : mais dans une pareille école, son intérieur ne pouvoit guéres s'épurer, de façon que l'innocence de son naturel & la malice de son Tuteur & de sa Tutrice, l'avoient choisi pour le Champ où se livreroient cent batailles par jour, sous la conduite du Faste, des Plaisirs & de la Volupté. Il sembloit ne rien manquer à son bonheur que de le lier pour toujours à la Princesse Faunillane. Aussi l'Enchanteur y travailla-t-il d'une si grande force, & par la composition d'une liqueur si infernale, que sa femme nommée *Lardonne* à triple menton, en fut suffoquée.

La Fée Envieuse de son côté qui savoit combien la Destinée de la Princesse en souffriroit

souffriroit, mit tout en œuvre pour empêcher un mariage si mal assorti ; & comme son pouvoir seul ne pouvoit suffire, elle fut trouver la Fée *Robinette*, qui s'unit à elle, elles conjurerent ensemble la perte de Lutine & de Gros Sourcils. Robinette, pleine de courage, fut les trouver sous la figure d'un jeune Chasseur, & les engagea à venir sous une tente dressée dans un bois agréable & rempli de gibier. Dès qu'ils y furent, cette tente se changea dans le Palais d'acier de la Fée, & par son grimoire elle renferma

ferma ce couple d'ennemis dans un verre rempli d'une eau de couleur de syrop capillaire, posé sur une fenêtre, dont les carreaux étoient d'un cristal offusqué par les exhalaisons de cette eau.

 Cette prison paroissoit éternelle, & l'eût été sans une visite que la Princesse Pensive s'avisa de donner à Robinette. Dès que les Enverrés la virent ils se mirent à danser le passepied d'une rapidité à renverser le verre, ce qui attira les regards & anima la curiosité naturelle de la Princesse qui ouvrit le vase, & mit le nez dedans

pour

pour voir de plus près une chose aussi merveilleuse.

A peine l'Enchanteur & la Fée sentirent-ils les approches de la liberté, qu'ils en profiterent, & depuis ce tems-là ils défolent l'Univers plus que jamais.

Ma petite belle Prudente, qui ne savez ce que vous faites, dit Robinette, vous méririez d'être mise dans cette eau avec votre impertinente curiosité. Pensive qui convenoit dans son cœur avoir mérité ce reproche, se retira toute honteuse en conjurant la Fée de ne la point abandonner,

&

& de ne pas permettre le mariage de l'Infante Jaune avec le Prince des Coudes. Bon, dit la Fée irritée, vous mériteriez que je vous changeasse en pigeon, & que je vous livrasse à la puissance de son pere. Sur ces entrefaites, Envieuse accompagnée du Prince Percebourse, entra. Non de par le verre & la liqueur, s'écria-t'elle, non, Fée, m'amie, vous ne lui ferez point de mal. Puis se tournant vers le Prince, je sais, ajouta-t-elle, que vous avez perdu des trésors considérables dans les Pays étrangers, & votre fille

fille ne sera donnée qu'au Prince qui entreprendra de les découvrir, qui y réussira, & qui les rapportera, afin que votre état fasse une envie parfaite.

Aussi-tôt que cet Arrêt fut publié, tous les jeunes Princes se mirent à courir comme des fols, les uns à l'Opéra de Paris, les autres dans le Palais Marchand, les autres dans les Jeux publics, les autres chez les Traiteurs, les autres chez les Amis emprunteurs, les autres chez mille Belles, & encore d'autres qui connoissent peu ou point Percebourse

cebourse, se mirent à creuser la terre, & à la fouiller, pour voir s'il avoit enterré son bien.

Tous ces chercheurs de trésors sont accompagnés d'une petite chienne, nommée Badine, qui sait tous les mystéres de Percebourse & de Pensive. On attend leur retour pour apprendre à qui Faunillane qui se fait de jour en jour plus aimable & plus charmante, est destinée. Cependant l'on ne sauroit douter du bonheur de son sort sous la protection visible d'une Fée si puissante & si redoutable.

F I N.

www.ingramcontent.com/pod-product-compliance
Lightning Source LLC
Chambersburg PA
CBHW070659050426
42451CB00008B/425